$Lb \, \frac{49}{356}.$

I0077168

DES PRIVILÉGES

D'AINESSE ET DE MASCULINITÉ,

ET

DES SUBSTITUTIONS.

Lb⁴⁹ 3ſ6.

PARIS. — IMPRIMERIE DE FAIN,

RUE RACINE, N° 4, PLACE DE L'ODEON.

DES

PRIVILÉGES

D'AINESSE ET DE MASCULINITÉ,

ET

DES SUBSTITUTIONS.

Quàm sibi quisque timet..... et odit..
HORACE, *Sat.* I, *liv.* II.

Par Mᴱ. B..... FILS AINÉ,

AVOCAT A LA COUR ROYALE DE PARIS, DOCTEUR EN DROIT.

BIBLIOTHEQUE ROYALE

CAEN.

MANSEL, LIBRAIRE.

1826.

DES PRIVILÉGES

D'AINESSE ET DE MASCULINITÉ

ET DES SUBSTITUTIONS.

Quàm sibi quisque timet..... et odit.
Horace, *Sat.* i, *liv.* ii.

———————

La nature même du sujet et la force de la vérité m'ont contraint à mutiler, en quelque sorte, le vers que j'ai pris pour épigraphe. Horace a dit : *Quùm sibi quisque timet, quamquàm est intactus, et odit.* J'ai supprimé le *quamquàm est intactus*, parce qu'il me paraît évident que la loi proposée frappe toutes les classes de la société, intéresse toutes les familles. Il n'est personne qui puisse se considérer comme définitivement à l'abri d'un aussi funeste projet, soit pour le présent soit pour le futur. La loi, toute laconique qu'elle est, embrasse dans sa généralité tous les ci-

toyens; il est du devoir de chacun de si-
gnaler les abus qu'elle peut entraîner. En
la discutant rapidement, je conserverai les
égards qui sont dus aux conseillers de la
couronne; mais la décence et la modéra-
tion ne sont point exclusives de la force,
de la dignité, et surtout de la liberté du
raisonnement. Je m'estimerai heureux si,
dans cet aperçu, je puis faire passer dans
les esprits mon intime conviction, que la
mesure proposée est inconstitutionnelle
dans sa conception et vraiment effrayante
dans ses résultats.

DES PRIVILÉGES

D'AINESSE ET DE MASCULINITÉ,

ET DES SUBSTITUTIONS.

I. Les priviléges d'ainesse et de masculinité, comme les substitutions, semblaient depuis long-temps couverts des cendres de l'arbre de la féodalité, dont ils étaient des rameaux bien étendus. Leur abolition avait été accueillie avec une joie, une reconnaissance unanimes. Chacun avait vu disparaître avec satisfaction ces sources interminables de discussions et de procès, toujours affligeans, souvent scandaleux. Mais une attaque *ex abrupto* est portée contre les lois sur l'égalité des partages; on veut nous replonger dans le chaos des substitutions.

II. Sans doute le ministère a mûri un projet; élaboré depuis long-temps; cependant les ministres ne sont pas infaillibles. Avant de donner à la France l'ordonnance du mois d'août 1747, sur *les substitutions*, le chancelier d'Aguesseau

qui, dans une lettre du 11 juin 1753, écrivait à
Furgole, que *comme il ne désirait que le bien*
public, rien ne pouvait lui être plus agréable que
de profiter des lumières des plus habiles juris-
consultes, pour porter son ouvrage à la plus
grande perfection, le chancelier d'Aguesseau,
disons-nous, envoya à tous les parlemens du
royaume les questions douteuses qu'il voulait ré-
soudre, pour en obtenir des solutions et des avis.
Nos ministres, plus forts sans doute, n'ont con-
sulté aucun des corps de la magistrature.

III. Il faut des motifs bien puissans pour revenir avec brusquerie, pour nous servir des expressions de M. Dupin, sur un ordre de choses
qui a pour base le droit naturel et l'approbation
générale. Ces motifs, quels sont-ils? Nous les
cherchons vainement.

IV. Et qu'on ne dise pas que la loi proposée
ne tend qu'à revenir à d'anciens usages qui
avaient pour eux la sanction de plusieurs siècles!
La réponse serait facile et prompte : la législation
d'un peuple doit être en harmonie avec ses
mœurs, ses habitudes, ses besoins et ses droits.
Les mœurs, les habitudes, les besoins et les droits
de la France constitutionnelle ne peuvent être
ce qu'ils étaient avant la Révolution.

V. Qu'on ne dise pas davantage que les lois qui
ont aboli les priviléges d'aînesse et de masculinité et les substitutions, ont été enfantées dans

des momens d'effervescence qui ne permettaient
ni réflexion ni maturité dans les décisions; car
ces lois de 1790 et 1791, reçues avec enthou-
siasme, sont reproduites dans le Code civil,
monument éternel de sagesse et de clarté. Ce
Code a été approfondi, médité : les cours, les
tribunaux ont été consultés pour sa confection.
Pourquoi donc un changement? à quel but? dans
quel dessein?

VI. « Elles étaient une contravention à la loi
» naturelle, ces institutions fondées par l'or-
» gueil, qui donnaient la presque totalité d'une
» succession à l'aîné des enfans mâles..... et qui
» ne laissaient presque rien aux filles qui ont
» un droit égal à la tendresse et aux bienfaits de
» leur père. » Paillet, *des Successions*, T. 1er.,
page 107.

VII. Les substitutions « étaient une source de
» procès ruineux; elles nuisaient à l'amélioration
» des biens et aux progrès de l'agriculture; elles
» retiraient du commerce une grande masse de
» propriété : les gens riches·abusaient des sub-
» stitutions pour frauder leurs créanciers; et
» dans les familles auxquelles les substitutions
» conservaient les plus grandes masses de for-
» tune, chaque génération était le plus souvent
» marquée par une honteuse faillite. Enfin rien
» n'était plus contraire à la justice que de dé-
» pouiller tous les membres d'une famille, en

» faveur d'un seul. » Toullier, T. 5, p. 18,
n°. 20; Bigot-Préameneu, Exposé des motifs du
Code civil, T. 4, p. 265.

Voilà pourtant ce que le projet de loi tend à
rétablir !

VIII. Avant d'en venir à ce projet en lui-
même, aux prétendus motifs sur lesquels il re-
pose, et aux conséquences qu'il peut entraîner,
présentons quelques principes généraux.

Les Romains, nos maîtres en législation, n'ad-
mettaient pas de différence entre les héritiers,
disons mieux, les enfans d'un même père. La
fameuse loi *Voconia*, en fraude de laquelle les
substitutions, ou fidéi-commis, avaient été intro-
duits, apportait bien quelques entraves à ce que
les femmes ou les filles fussent admises à succéder; mais la Novelle 118 établit d'autres règles,
puisées dans la nature, dans l'affection présumée
du défunt, elle porte : « .... In hoc enim ordine
» gradum quæri nolumus, sed cum *filiis et fi-*
» *liabus* ex præmortuo *filio* aut *filiâ*, nepotes
» vocari sancimus : *nullâ introducendâ differen-*
» *tiâ, sive masculi, sive fœminæ sint*, et seu ex
» *masculorum* seu *fœminarum* prole descen-
» dant..... »

Cette partie du chapitre premier de la Novelle
118 établit la représentation entre tous les petits-
enfans, descendant soit des mâles soit des filles,
et, dans le préambule, le législateur s'exprimait

en ces termes : « Plurimas et diversas leges ve-
» teribus temporibus pollutas invenientes , per
» quas, *non justè*, differentia ab intestato succes-
» sionis inter cognatos ex masculis et fœminis
» introducta est ; necessarium esse perspeximus ,
» *omnes simul* ab intestato cognationum succes-
» siones per præsentem legem clarâ compendio-
» sâque divisione disponere..... »

Ainsi Justinien trouva d'anciennes lois qui
avaient établi *une différence injuste*, et il crut
qu'il était de son devoir, de sa dignité de réparer
cette injustice, de supprimer ces lois usées, et d'y
substituer des dispositions sages, puisées dans le
droit naturel.

A la vérité, nos anciennes coutumes étaient
loin d'être conformes à cet ordre si simple, si
majestueux établi par les lois romaines. Les droits
d'aînesse, de préciput, de masculinité, étaient
reconnus, et il est presque impossible de marquer
toutes les différences des coutumes, tant elles
étaient nombreuses et bizarres.

Ainsi, dans certains pays, le droit d'aînesse
appartenait aux seuls mâles ; dans d'autres il appartenait à l'aînée des filles, au défaut de mâle :
là ce droit ne s'exerçait que dans les fiefs, ici il
s'exerçait dans tous les biens ; tantôt, dans *les
familles infançonnes*, la fille aînée exerçait le
préciput au préjudice de son frère cadet ; tantôt

enfin, pour nous servir des expressions de Laurière, on pouvait diviser l'aînesse en *noble* et en *roturière*, de telle sorte que le fief noble, tenu en partage, était une *aînesse noble*; et que le fief *vilain*, divisé entre cohéritiers, était une *aînesse roturière*.

Ce droit d'aînesse consistait, le plus souvent, de la part du fils premier-né, à prendre, à son choix, un principal manoir ou château, avec la basse-cour et un arpent de terre de l'enclos ou jardin joignant la maison, ce qu'on appelait *le vol du chapon*.

IX. *Ces priviléges* exorbitans, nés de la barbarie des premiers siècles, avaient usurpé le nom *de droits; l'hérédité des fiefs, le régime féodal* leur servirent d'appui, et, pour emprunter les expressions du plus grand publiciste, Montesquieu a dit : *qu'il suivit de la perpétuité des fiefs que le droit d'aînesse ou de primogéniture s'établit parmi les Français.....* Ce fut *la raison de la loi féodale qui força celle de la loi politique ou civile.*

Le régime des fiefs, celui de la féodalité ayant disparu, les priviléges d'aînesse et de masculinité devaient disparaître ; où la cause cesse l'effet doit cesser. Le tronc abattu, les branches ne pouvaient plus trouver ni séve ni

X. Survinrent alors les lois des 15‑28 mars 1790, 8‑15 avril 1791 [1].

Loi du 15—28 mars 1790.

[1] ARTICLE 11. Tous priviléges, toute féodalité et nobilité de biens étant détruits, les droits d'aînesse et de masculinité, à l'égard des fiefs, domaines et alleux nobles, et les partages inégaux, à raison de la qualité des personnes, sont abolis; en conséquence toutes les successions, tant directes que collatérales, tant mobilières qu'immobilières, qui écherront, à compter du jour de la publication du présent, seront, sans égard à l'ancienne qualité noble des biens et des personnes, partagées entre les héritiers, suivant les lois, statuts et coutumes qui règlent les partages entre tous les citoyens; toutes lois et coutumes à ce contraires sont abrogées et détruites.

Seront exceptés ceux qui sont actuellement mariés ou veufs avec enfans, lesquels, dans les partages à faire entre eux et leurs cohéritiers de toutes les successions mobilières et immobilières, directes et collatérales qui pourront leur échoir, jouiront de tous les avantages que leur attribuent les anciennes lois.

Les puînés et les filles, dans les coutumes où ils ont eu jusqu'à présent sur les biens tenus en fief plus d'avantage que sur les biens non féodaux, continueront de prendre dans les ci-devant fiefs les parts à eux assignées par lesdites coutumes jusqu'à ce qu'il ait été déterminé un mode définitif et uniforme de succession pour tout le royaume (25 février et 3 mars).

Loi du 8—15 avril 1791.

ARTICLE PREMIER. Toute inégalité ci-devant résultant entre héritiers *ab intestat* des qualités d'aîné ou de puîné, de

Nous avons déjà eu occasion de faire observer
que ces lois, marquées au coin de la sagesse, ne
sont pas, il est vrai, les fruits mûrs de la Révolution; mais elles ont reçu l'approbation générale
et une religieuse exécution, sauf quelques rares
exceptions qui ne se rencontraient que chez les
hommes encroûtés dans leurs vieux préjugés. De
plus, une autre législation méditée, préparée à
une époque plus éloignée de nos orages, de nos
tristes dissensions, a sanctionné les mêmes principes.

Et en effet, si toute Révolution est une conquête, si, par la seule force des choses, les pre-
mières lois qu'elle enfante sont quelquefois hos-
tiles, partiales; si le but premier est de rompre

---

la distinction des sexes, ou des exclusions coutumières,
soit en ligne directe soit en ligne collatérale est abolie. Tous
héritiers en égal degré succéderont par portions égales aux
biens qui leur sont déférés par la loi; le partage se fera de
même par portions égales, dans chaque souche, dans le
cas où la représentation est admise.

En conséquence, les dispositions des coutumes ou statuts
qui excluaient les filles ou leurs descendans du droit de
succéder avec les mâles ou les descendans des mâles, sont
abrogées.

Sont pareillement abrogées les dispositions des coutumes
qui, dans le partage des biens, tant meubles qu'immeubles,
d'un même père ou d'une même mère, d'un même aïeul ou
d'une même aïeule, établissent des différences entre les enfans nés des divers mariages.

d'anciennes habitudes pour en créer de nouvelles, ces résultats nécessaires d'un ordre de choses auquel chacun n'est pas encore façonné, disparaissent lorsque la raison prend le sceptre qui, pendant quelques instans, s'était égaré dans des mains agitées par les passions.

XI. Ces lois de 1790 et 1791 furent suivies de la loi du 7 nivôse an 2, dans laquelle on retrouve la même doctrine [1].

XII. Enfin, le Code civil fut promulgué, et ses articles 732 et 745 contiennent les mêmes principes [2].

XIII. Telle était la législation de la France, accoutumée à l'égalité dans les partages, lorsque

---

17—21 *nivôse an 2.*

[1] Article 62. La loi ne reconnaît aucune différence dans la nature des biens ou dans leur origine pour en régler la transmission.

Art. 64. Si le défunt laisse des enfans ils lui succéderont également.

[2] 732. La loi ne considère ni la nature ni l'origine des biens pour en régler la succession.

745. Les enfans ou leurs descendans succèdent à leurs père et mère, aïeuls, aïeules et autres ascendans sans distinction de sexe ni de primogéniture, et encore qu'ils soient issus de différens mariages.

Ils succèdent par égales portions et par tête, quand ils sont tous au premier degré et appelés de leur chef; ils succèdent par souche, lorsqu'ils viennent en partie par représentation.

les Bourbons y rentrèrent en 1814. Le roi législateur, dans sa Charte constitutionnelle, crut
devoir reproduire les règles qu'il voyait en vi-
gueur [1].

XIV. Maintenant, trois articles de loi proposés par le ministère tendent à bouleverser cet ordre si admirablement établi. Ce laconisme étudié
cache-t-il quelque arrière-pensée? Les vrais motifs de la loi sont-ils signalés à l'opinion publique? Nous l'ignorons. Quoi qu'il en soit, faisons
connaître le projet tel qu'il a été présenté à la
chambre des pairs, à la séance du 10 février [2].

---

[1] Les Français sont égaux devant la loi, quels que
soient d'ailleurs leurs titres et leurs rangs.

2. Ils contribuent indistinctement, dans la proportion
de leur fortune, aux charges de l'état.

3. Ils sont tous également admissibles aux emplois civils
et militaires.

[2] *Le projet.* — CHAMBRE DES PAIRS. — Bulletin du 10 février.

CHARLES, etc., A tous présens et à venir salut. Nous avons
ordonné et ordonnons que le projet de loi, dont la teneur
suit, sera présenté, en notre nom, à la chambre des pairs,
par notre garde des sceaux, ministre secrétaire-d'état au dé-
partement de la justice, que nous chargeons d'en exposer
les motifs et d'en soutenir la discussion.

Art. 1er. Dans toute succession déférée à la ligne directe
descendante et payant 300 fr. d'impôt foncier, si le défunt
n'a pas disposé de la quotité disponible, cette quotité sera
attribuée, à titre de préciput légal, au premier né des enfans
mâles du propriétaire décédé.

XV. Il s'agit donc d'un *préciput légal en faveur du premier né des enfans mâles.*

Quelles que soient les expressions que l'on emploie, ce sont toujours *les priviléges d'aînesse et de masculinité* que l'on tente de rétablir ; et l'on ne craint pas que les mères, les filles de famille, les cadets, beaucoup plus nombreux que les privilégiés, ne se soulèvent avec force contre une telle proposition !.. En matière ordinaire, la loi prend les hom-

---

Si le défunt a disposé d'une partie de la quotité disponible , le préciput légal se composera de la partie de cette quotité dont il n'aura pas disposé.

Le préciput légal sera prélevé sur les immeubles de la succession , et en cas d'insuffisance sur les biens meubles.

Art. 2. Les dispositions des deux premiers paragraphes de l'article qui precède cesseront d'avoir leur effet, lorsque le defunt en aura formellement exprimé la volonté par acte entre-vifs ou par testament.

Art. 3. Les biens dont il est permis de disposer, aux termes des articles 913 , 915 et 916 du Code Civil , pourront être donnés en tout ou en partie , par acte entre-vifs ou testamentaire , avec la charge de les rendre à un ou plusieurs enfans du donataire , nés ou à naître jusqu'au deuxième degré inclusivement.

Seront observés, pour l'exécution de cette disposition , les articles 1051 et suivans du Code civil , jusques et y compris l'article 1074.

Donné à Paris, en notre château des Tuileries , le 5 février de l'an de grâce 1826 , et de notre règne le 2e.

Signé CHARLES.

mes en masse ; elle s'occupe peu des exceptions :
ici, nous voyons tout le contraire ; la masse est
souverainement sacrifiée au plus petit nombre.

XVI. Ceux qui ont conçu un pareil projet ne
veulent donc pas que les Français *soient égaux*
devant la loi, quels que soient d'ailleurs leurs
titres et leurs rangs ; ils ne réfléchissent donc pas
que tous les citoyens contribuent *également* aux
charges de l'État ; que tous sont *également* admissibles aux emplois civils et militaires. Ces principes *d'égalité*, dans les charges et dans les droits,
ne sont-ils pas en entynomie évidente avec les
distinctions proposées?.... et quand un ser-
ment auguste et solennel, commandé par l'article 74 de la Charte, vient, tout récemment, de
garantir à la France le maintien, l'inviolabilité
de ces principes, on propose aux deux chambres,
qui ont aussi juré obéissance à la Charte, de la
violer dans ses dispositions fondamentales !....

XVII. Eh ! sur quoi reposeraient donc ces distinctions entre les enfans d'un même sang ? La
mère qui les a portés n'a-t-elle pas éprouvé les
mêmes douleurs en les enfantant, les mêmes
jouissances lorsqu'elle a soigné leur éducation,
lorqu'elle les a vus croître sous ses yeux, et se dis-
puter à l'envi le soin de lui plaire, de la chérir ?
La loi fera-t-elle taire la nature ?....

De quels troubles, de quelles dissensions dans
les familles, la loi proposée ne contient-elle pas

le germe, disons mieux, le poison! Les enfans ne seront-ils pas toujours dans un état de presque hostilité entre eux; ne sera-ce point une guerre intestine perpétuelle?

Et si le père, si la mère ne veulent point obéir à la loi, n'auront-ils point à craindre, sinon les reproches, au moins le mécontentement de celui que le hasard de la naissance aura favorisé?

Au contraire, si les père et mère paraissent disposés à sacrifier à l'orgueil ou à la prévention les droits sacrés de la nature, ne seront-ils pas exposés aux plaintes justes et amères de ceux de leurs enfans qui se verront dépouillés!....

XVIII. Supposons cependant que le père de famille n'ait pas l'intention de profiter de la loi, ou plutôt du privilége; mais il meurt intestat; la succession légale, qui est son testament présumé, trouvera ses règles dans la loi proposée; et l'oubli du père de famille fera un *aîné avec préciput.* Admettons qu'il ait manifesté son intention, soit dans un acte entre-vif, soit dans un testament. Un léger vice de forme fait annuler la disposition, et voilà encore un *aîné avec préciput*, non plus par l'oubli du père de famille, mais *contre son vœu* formellement exprimé.

XIX. Et remarquons quelles sont les difficultés qui devront se présenter pour amener le père et la mère à rétablir l'égalité dans le partage de leur succession future. On doit compter sur leur tenuresse; soit; mais il faut faire a..... .. .. de l'insouciance, de l'imprévoyance, et peut-être y a-t-on beaucoup compté.

Les pères et mères, jouissant d'une parfaite santé, ne songeront pas à faire de telles dispositions; mais comment le proposer à ceux qui seront atteints de quelque maladie?.... Comment forcer des enfans à s'occuper d'un vil intérêt dans l'instant, où ils veilleront sur les jours d'un père chéri, d'une mère adorée? Si, tout entiers à leur douleur, ils négligent ce soin, ils sont exposés à perdre une portion de leur patrimoine; s'ils laissent échapper quelque chose de leurs désirs, de leurs inquiétudes, ils peuvent porter un coup funeste aux auteurs de leurs jours.

XX. Ce n'est pas tout encore : les dispositions permises par l'article 2 du projet de loi doivent être faites *par acte entre-vif*, ou *par testament*. Ici les expressions *entre-vif*, étant corrélatives au mot *testament*, semblent annoncer un acte *à titre gratuit*, du moins on conviendra que l'économie du texte prête à cette idée.

Mais les pères et mères voudront-ils se dépouiller *actuellement et irrévocablement*, même avec réserve d'usufruit?

Que s'il faut un testament, il n'existera aucune garantie dans un pareil acte pour les enfans en général, puisqu'un testament peut toujours être révoqué : *Enim ambulatoria est hominis voluntas.*

XXI. D'un autre côté, si les familles sont les pépinières de l'État, la législation doit tendre à favoriser les mariages. Cependant quelles entraves la loi sur les priviléges d'aînesse et de masculinité ne peut-elle pas y apporter? Les mariages seront presque considérés comme des opérations de banque ou de commerce, dont on discutera froidement les conditions, les avantages. Vous voulez marier votre fille, faites votre testament, faites des lots de votre fortune, assurez le sort de la future!.... Telle est riche de vertus et d'attraits ; mais cela ne paie pas un écu d'impôts.... Vous ne la marierez pas *avec un chapeau de roses.*

XXII. Mais, dira-t-on, de quoi vous plaignez-vous? La loi laisse à chacun le droit de disposer ainsi qu'il le jugera convenable ; *elle ne recevra d'exécution qu'autant que le père n'aura pas manifesté son intention.* D'ailleurs elle ne peut atteindre qu'une certaine classe d'individus; c'est-à-dire, ceux-là qui paient *plus de trois cents francs d'impôt foncier.*

Plaisante loi, vraiment, que celle que chacun peut enfreindre, qui est sans sanction pénale, et livrée à la discrétion de ceux qu'elle doit régir! *Legis virtus hæc est imperare, vetare, permittere, punire.* Pourquoi la faire si elle ne doit pas être exécutée? Ne valait-il pas mieux respecter l'ordre de choses établi? Pourquoi faire de l'exception la règle générale, et de la règle générale l'exception? Ceux qui veulent des aînés, des préciputs, et c'est la moindre portion des Français, trouvent *la faculté* d'en créer dans les articles 913 et suivans du Code civil, tandis que votre loi conduira à ce résultat bizarre, que par la législation actuelle *de droit*, chaque enfant avait une part égale, sauf la portion dont le défunt avait eu la *faculté* de disposer, tandis que, maintenant *de droit*, les parts seront inégales, et il y aura seulement *faculté* de rétablir l'égalité!.'. Quel système!....

XXIII. Cette base, adoptée par le projet de loi, de s'arrêter aux fortunes payant plus de trois cents francs d'impôt foncier, nous révèle cette pensée, que c'est avec le système électoral que l'on veut mettre la législation des successions en rapport; mais combien n'est-elle pas vicieuse?

D'abord la loi n'en serait pas moins mauvaise, quand elle ne frapperait que sur un certain nombre d'individus, que sur une classe spécialement déterminée.

Cependant, est-ce l'intérêt actuel qu'il faut seulement envisager? Ne voit-on pas que, dans sa large conception, le projet embrasse tous ceux qui *paient* ou *paieront* plus de trois cents francs d'impôt foncier?

Ceux qui voudront ne pas être atteints devront rester dans leur médiocrité : on garrotte leur industrie, on enchaîne leurs bras.

XXIV. D'ailleurs qui ne voit combien est arbitraire, et peut-être fautive, une telle fixation? Selon le caprice ou la volonté des répartiteurs de l'impôt foncier, tel sera atteint par la loi, quoique ne payant pas les cent écus, au moyen d'une légère augmentation. Ce sera, ce pourra être une conquête. Tel autre qui paiera les cent écus, mais que l'on voudra éliminer, se verra dégrever officieusement, et la loi ne lui sera pas applicable....

Supposons, toutefois, que ces premiers abus n'existent pas, et rentrons dans le sein des familles, allons *nous asseoir avec la loi au foyer domestique.*

Le projet s'occupe de ceux qui paient plus de trois cents francs *d'impôt foncier.* Il ne s'agit pas ici des capitalistes, des commerçans, souvent riches en argent, mais dont toute la fortune, ou à peu près, est en portefeuille.

Qu'un de ces négocians, père de plusieurs enfans, veuille réaliser ses capitaux, sa famille y mettra obstacle pour échapper à la disposition injuste de la loi, et chacun se demandera, qu'est-ce donc qu'une législation qui, de sa nature, devrait être éminemment protectrice, et dont cependant tout les citoyens redoutent les funestes effets?....

On a dit que « la propriété foncière favorise la » *monarchie,* tandis que la propriété mobilière » incline, comme à son insu, à favoriser la *dé-* » *mocratie.* »

Sans nous lancer dans ces abstractions qui pourraient être fort bien réfutées, ne peut-on pas répondre avec avantage, que du moment que l'on considère la propriété mobilière comme en état d'hostilité avec la monarchie, il faut tendre à les paralyser? Mais ce but est loin d'être atteint par une loi qui engagera les possesseurs de fortunes mobilières considérables à les conserver, sans les placer en fonds de terre, pour en avoir toujours la libre et égale disposition.

Voyons encore ce qui va se passer dans une classe moins brillante, mais bien plus utile, bien plus laborieuse : pénétrons sous le chaume du modeste laboureur.

Au milieu de sa femme, de ses enfans qui, pour l'aider dans ses travaux honorables, rivalisent de zèle, de soins et d'attachement, il ne rêve ni la splendeur d'un titre plus ou moins pompeux, ni les hochets du luxe ou de la grandeur. Le produit de ses sueurs doit servir au bonheur de toute sa famille sans distinction; il pense à agrandir son patrimoine : chaque année ses épargnes doivent le mettre à portée, non d'obtenir, pour le futur, un superflu, en se privant quelquefois, pour le présent, du nécessaire, mais de réunir à sa propriété quelques arpens que le riche négligent est réduit à voir sortir de ses mains.

L'égalité dans les travaux domestiques engendre l'égalité des espérances; mais le législateur vient s'interposer au sein de ce séjour de la paix, de l'union et de la modestie. Si la loi est admise, chaque enfant du laboureur se dira : Pourquoi chercherais-je par mes peines et mes soins à augmenter une fortune dont je n'obtiendrai que de faibles débris? Alors l'oisiveté, mère de tous les vices, habitera aussi les chaumières du village, et l'agriculture se ressentira nécessairement de ce que tous les bras ne déchireront plus le sein de la terre pour lui arracher ses dons et ses trésors.

Dira-t-on que le cultivateur pourra faire une donation, ou un testament? S'il ne sait pas écrire, il devra aller trouver un notaire, lui révéler le secret de ses affaires, et ce sera toujours un embarras; d'ailleurs on retombera dans les inconvéniens que nous avons signalés aux numéros 18, 19 et 20.

Voyez donc la conséquence de la loi; d'un côté, l'industrie nationale et le commerce seront paralysés; de l'autre, la culture des terres sera abandonnée en partie;.... que de capitaux morts et non productifs!....

XXV. Quelle est néanmoins la fin que l'on se propose? On veut empêcher le morcellement des propriétés.

En bonne foi, depuis que la France s'est trouvée composée de citoyens propriétaires, n'a-t-elle pas été dans un état de splendeur et de prospérité

BIBLIOTHÈQUE ROYALE

que l'on devrait chercher à maintenir par tous les moyens possibles?

Le cultivateur ne tente-t-il pas des essais plus heureux, ne laboure-t-il pas avec plus de courage une terre dont les productions ne doivent pas seulement enrichir un maître orgueilleux, mais où il doit trouver sa subsistance et celle de sa famille?

Certes, pour le Français, l'horreur de l'étranger suffira; il ne souffrira pas que le sol de sa patrie soit foulé par un ennemi de ses droits et de son pays; mais combien son énergie sera-t-elle doublée, lorsqu'en défendant la mère commune, il se rappellera que son patrimoine particulier doit aussi être garanti par ses généreux efforts; il ne sera plus seulement soldat, il sera soldat, citoyen, propriétaire.

A quel degré l'industrie et l'agriculture ont été portées par ce que l'on appelle le morcellement des propriétés! N'a-t-il pas été toujours reconnu que les petites exploitations sont ordinairement le mieux soignées?

Que l'on considère les grands fiefs d'autrefois... Combien de landes, de terres vaines et vagues, de bruyères, de marais! Tout cela a été rendu au commerce, à la culture, parce que chacun en a possédé une portion plus ou moins considérable qu'il était intéressé à faire fructifier.

Il importe peu en effet à un propriétaire d'une

fortune colossale, que quelques arpens de son
vaste domaine soient incultes ; quelques misé-
rables écus de plus ou de moins dans son im-
mense revenu seront insensibles pour sa bourse.

Au contraire, le petit propriétaire veut faire
valoir en tout et partout son modeste patrimoine ; il veut, il doit en tirer tout le fruit
possible ; sa position, qui lui défend l'indiffé-
rence, lui commande aussi de ne faire que les
sacrifices d'une indispensable nécessité. Mais au
nombre de ces sacrifices, il ne peut admettre celui de laisser en friche des terres qu'il peut faire
fructifier.

Ces considérations, que l'on pourrait beaucoup
étendre, et même multiplier, doivent nous con-
duire à cette conséquence, que plus la propriété
est divisée, plus l'agriculture est florissante, plus
le sol est productif.... Le grand mal, au bout du
compte, quand chacun pourrait, comme le désirait le bon Henri, *mettre la poule au pot*?

XXVI. Mais ce but, que l'on veut atteindre,
d'empêcher le morcellement des propriétés,
échappera encore à la loi. D'abord les petites
propriétés resteront toujours soumises à la loi générale, et ce devrait être celles-là qu'il faudrait
empêcher de voir morceler, puisque leur trop
grande division, pour raisonner comme les auteurs du projet, amènera leur anéantissement.

Quant aux propriétés payant *plus de trois cents*

francs d'impôt foncier, une première division, conforme à la nouvelle loi, pourra conserver au moins un propriétaire d'une certaine importance; mais à la seconde, à la troisième génération, le morcellement existera. On n'aura obtenu qu'un avantage momentané, et les lois doivent être au contraire perpétuelles dans leur objet. Il ne faut pas qu'elles fassent seulement le bonheur de ceux qui les ont conçues, et qu'ils puissent les briser, ou les remplacer par d'autres, quand elles auront servi à l'accomplissement de leur projet.

XXVII. Est-il bien vrai toutefois que ce soit seulement le morcellement des propriétés que l'on veuille empêcher? N'en voudrait-on point plutôt faire un appendice à la loi des élections? — Nous ne pouvons pénétrer les projets ultérieurs du ministère; nous n'avons pas le don de la prescience.

Si pourtant ces conjectures étaient fondées, quelques calculs vont prouver que, si l'on veut créer des électeurs, on prend une marche essentiellement vicieuse.

Dans une succession ne payant que cent écus d'impôts, le préciput ne pourra jamais faire un électeur, à moins qu'il n'y ait qu'un enfant; mais il sera électeur indépendamment de la loi.

Dans une succession payant plus de cent écus d'impôts, le préciput ne pourra créer un électeur qu'une fois sur cent, car il faut aussi admettre

que le défunt pourra laisser plus de deux descendans.

Mais si la loi ne parvient quelquefois qu'avec
peine à obtenir ce résultat, d'autres fois elle
aura un effet tout contraire. Supposons une fortune payant neuf cents francs d'impôts, et trois
descendans appelés à la recueillir : en laissant
les choses dans l'état actuel de la législation, le
ministère aura trois électeurs; mais que le préciput s'exerce, un seul des enfans pourra être ap-
pelé aux élections.

Ces calculs pourraient aussi être multipliés à
l'infini, et toujours ils tendraient à établir que
la mesure proposée est évidemment mauvaise.

On a tenté de prévenir cette objection, et l'on
a dit : «Nous savons bien que par la division
» des terres d'un éligible on obtiendra nécessai-
» rement plusieurs électeurs; mais prétendrait-
» on que l'augmentation du nombre des électeurs
» compensât la réduction du nombre des éligibles?
» et puis quand viendra la mort de ces électeurs,
» et la subdivision de leurs biens, que restera-t-
» il? Les fils de l'éligible seront électeurs; les fils
» de l'électeur ne seront plus rien.... Ces résul-
» tats sont infaillibles.... »

On veut bien convenir qu'ils ne sont pas *immé-
diats*, qu'ils ne sont *même pas prochains;* mais,
quoique *éloignés*, ils viendront indubitablement.
—Ainsi pour sauver *les générations futures* d'un

danger qui peut n'être qu'imaginaire, il faut attrister, sacrifier la génération présente; c'est-à-dire *que la peur du mal produit le mal de la peur.*

Et compte-t-on donc pour rien, les travaux, l'industrie de nos neveux? Ne voit-on pas tous les jours l'artisan laborieux et sage, prendre la place du riche oisif, peu soigneux de ses intérêts? La seule différence existante entre l'un et l'autre, c'est que le premier s'enrichit journellement, tandis que le second voit insensiblement disparaître un patrimoine qu'il ne sait ni augmenter ni même conserver.

XXVIII. Que si, au lieu de vouloir étendre le droit d'élection, le but était de le circonscrire dans un certain nombre d'individus, nous dirons que sa conception est évidemment inconstitutionnelle, puisqu'elle viole ouvertement les articles 1er., 2 et 3 de la Charte.

Quels que soient les rapports sous lesquels on envisage alors le projet, il ne peut soutenir le choc d'une discussion froide et raisonnée :

1º. Il viole le droit naturel; il froisse les affections, il déchire le sein des familles, il bannit la paix domestique.

2º. Il porte atteinte aux droits garantis à tous les Français par le pacte fondamental qui lie le peuple à son Souverain, *et vice versâ.*

3º. Enfin, funeste dans ses conséquences,

et péniblement conçu, il n'atteint pas le but que
se sont proposé ses auteurs.

A quoi donc pourra-t-il servir?

XXIX. Nous devons maintenant dire un mot
des substitutions.

De tous temps il a été reconnu que les substitutions étaient une source de contestations, et
qu'elles étaient essentiellement nuisibles à l'intérêt de l'industrie et de l'agriculture. D'Aguesseau
lui-même, dans le préambule de l'ordonnance du
mois d'août 1747, disait : « La matière du fidéi-
» commis est fort simple dans son origine; ce
» genre de succession,.... que l'on avait regardé
» comme tendant à la conservation du patrimoine
» des familles, et à donner aux maisons les plus
» illustres le moyen d'en soutenir l'éclat,.... a
» quelquefois causé la ruine des familles par le
» grand nombre de difficultés qui se sont éle-
» vées, soit sur l'interprétation de la volonté,
» souvent équivoque, du donateur ou du testa-
» teur, soit sur la composition de son patrimoine,
» et sur les différentes détractions dont les fidéi-
» commis sont susceptibles, soit au sujet du re-
» cours subsidiaire des femmes sur les biens gre-
» vés de substitutions , etc... »

Dans la législation romaine, *ab ovo*, les substitutions étaient inconnues; elles furent d'abord
introduites pour parvenir à gratifier les personnes
incapables de recevoir ou de recueillir : ce ne fut

que dans le huitiéme siécle, depuis la fondation
de Rome, que les fidéicommis au profit des personnes capables furent autorisés par les lois.

En France, quelques coutumes, peu nombreuses, avaient défendu les substitutions, ou au
moins les avaient resserrées dans des bornes bien
étroites. Pour le reste du territoire, il était régi,
quant aux substitutions, par les principes des
lois romaines qui les permettaient d'une maniére
indéfinie.

XXX. Sans parler de l'ordonnnance d'Orléans
de 1650, arrivons à l'ordonnance du mois d'août
1747[1]. On avait senti, comme le dit Toullier, les
abus des substitutions graduelles : on en limita
les degrés; elles ne pouvaient s'étendre au delà
de deux degrés [2]. Mais on ne manquait point de

---

[1] Ordonnance d'Orléans, art. 39; de 1747, art. 30.

[2] *Lois des 25 octobre* et *14 novembre 1792.*

Article premier. Toutes substitutions sont interdites et
prohibées à l'avenir.

Art. 2. Les substitutions faites avant la publication du
présent décret, par quelques actes que ce soit, qui ne scront
pas ouvertes à l'époque de ladite publication, sont et de-
meurent abolies et sans effet.

Art. 3. Les substitutions ouvertes, lors de la publication
du présent décret, n'auront d'effet qu'en faveur de ceux seulement qui auront alors recueilli les biens substitués ou
le droit de les réclamer.

les renouveler; et si, par le droit, les substitutions étaient limitées à un certain temps, elles devenaient perpétuelles par le fait de leur renouvellement.

« L'esprit de fraude introduisit les substitutions, » a dit M. Bigot de Préameneu, dans la séance du » Corps législatif du 2 floréal an 11; l'ambition » se saisit de ce moyen et l'a perpétué. »

Les abus vivement sentis sollicitaient une réformation dans cette partie de la législation : elle eut lieu par la loi des 25 octobre et 14 novembre 1792 [1].

Les bienfaisans effets de cette loi furent reconnus, et l'abolition des substitutions fut de nouveau consacrée par l'art. 896 du Code civil [1].

On veut modifier cet état de chose, par l'article 3 du projet de loi.

XXXI. Nous conviendrons avec M°. Dupin que

---

[1] Article 896 du Code civil. Les substitutions sont prohibées.

Toute disposition par laquelle le donataire, l'héritier institué ou le légataire sera chargé de conserver et de rendre à un tiers, sera nulle, même à l'égard du donataire, de l'héritier institué ou du légataire.

Néanmoins les biens libres, formant la dotation d'un titre héréditaire que le roi aurait érigé en faveur d'un prince ou d'un chef de famille, pourront être transmis héréditairement, ainsi qu'il est réglé par l'acte du 30 mars 1806, et par celui du 14 août suivant.

ce rétablissement partiel des substitutions pourrait entraîner des inconvéniens moins graves que ceux qui seraient les conséquences inévitables des droits ou priviléges d'aînesse et de masculinité : on a des antécédens, des monumens de jurisprudence, des traités qui pourraient éclaircir la matière, aplanir quelquefois les difficultés, servir à la solution des questions. Cependant, parce que les résultats seraient moins affligeans, faut-il les tolérer, et en sommes-nous donc réduits à dire avec le proverbe : *Entre deux maux, il faut choisir le moindre?*

XXXII. Le rétablissement des substitutions doit empêcher en partie le morcellement des propriétés. Nous avons dit, en effet, au n°. 26, que la loi proposée ne ferait obtenir qu'un avantage *momentané*; à l'aide des substitutions, cet avantage sera *perpétuel.*

A la vérité, la charge de rendre et de conserver ne pourra s'étendre que *jusqu'au deuxième degré inclusivement;* mais si *de droit* les substitutions ne peuvent s'étendre au delà de deux degrés, *de fait* elles se renouvelleront, et nous retomberons dans tous les abus de l'ancienne législation.

En effet, une masse énorme de propriétés se trouvera perpétuellement hors du commerce : celui qui, par un privilége exorbitant, aura joui d'un patrimoine important, voudra, pour l'illustration, la splendeur de sa race, le transmettre comme il l'aura reçu.

Ce n'est pas tout, ceux qui seront dépouillés n'auront d'autre ressource que des contestations scandaleuses et interminables. Ils attaqueront la disposition, soit quant à l'interprétation de la volonté du défunt, soit quant à la composition des biens substitués et frappés d'une sorte d'inaliénabilité.

De plus, ceux qui auront joui comme grevés, annonçant l'opulence et la grandeur, parviendront facilement à se créer des *cliens* [1] ; ils puiseront dans la bourse d'autrui et contracteront des dettes, avec la honteuse certitude de pouvoir impunément oublier la date de l'échéance de leurs obligations ; et la loi sera forcée de protéger en quelque sorte ces iniques spoliations.

XXXIII. D'un autre côté, ne perdons pas de vue que le grevé, qui ne sera en réalité qu'un simple usufruitier, ne sera intéressé à aucune amélioration des fonds substitués. Celui qui jouit comme propriétaire, et qui peut transmettre son bien suivant l'expression de sa volonté, travaille, cultive, augmente, embellit, pour lui et pour ceux que la loi appelle naturellement à lui succéder. Les efforts, au contraire, du grevé de substitution, tendront toujours à épuiser les fonds, à anticiper

---

[1] Chez les Romains, les cliens étaient les créanciers.

les jouissances et les produits ; il ne voudra rendre, à ceux qui seront appelés après lui, que ce
qu'il n'aura pas pu consommer ; et ceux-là à leur
tour voudront s'indemniser par de nouvelles di-
lapidations.

XXIV. Sans doute nos institutions politiques
peuvent exiger les substitutions ; aussi, *sous l'em-
pire, les majorats, maintenant la pairie,* suffisent-
ils, quand d'ailleurs on trouve dans le Code toute
liberté de disposer, compatible avec les devoirs de
famille, les inspirations de la nature. Mais, pour
emprunter encore les expressions de M. Bigot de
Préameneu, « il ne saurait y avoir de plus grand
» vice que celui... de réduire ceux que la nature
» a faits égaux à implorer les secours et la bien-
» faisance du possesseur d'un patrimoine qui
» devrait être commun ; et rarement l'opulence,
» surtout lorsque son origine n'est pas pure, ins-
» pire des sentimens de bienfaisance et d'équité. »

XXXV. Ces réflexions se présenteront nécessairement à l'esprit de ceux qui sont chargés
d'examiner le projet de loi. C'est avant qu'elle soit
adoptée qu'il est surtout permis de manifester son
vœu, son opinion sur ses conséquences [1]. Si elle
passait, il faudrait juger, *secundùm leges, non
de legibus.*

---

[1] Les Français ont le droit de publier et de faire impri-
mer leurs opinions, en se conformant aux lois qui doivent
réprimer les abus de cette liberté. *Art.* 8 *de la Charte.*

XXXVI. M. Dupin dans son écrit, d'ailleurs si profond, si fort de principes, a pensé que, comme amendement, le projet devrait être modifié dans ce qu'il a d'actuel et d'absolu, puisque, sans marquer aucune transition, il blesse *les droits acquis* et jette le trouble et la division dans les familles.

Cette théorie est spécieuse, et même séduisante. M. Dupin n'a vu que la disposition de l'art. 11 de la loi du 15 mars 1790, qui faisait une exception en faveur de ceux qui étaient actuellement mariés ou veufs avec enfans. Il ne s'est pas rappelé que le décret du 4 janvier 1793 abrogea cette exception de la loi du 15 mars 1790.

Mais ajoutons que ce système, qui ne serait qu'une transaction avec l'injustice de la disposition en elle-même, serait révoltant.

Pourquoi, en effet, cette distinction bizarre? Du moment que les père et mère existent, les enfans, quel que soit leur état dans la société, n'ont qu'une *expectative*, nullement *un droit acquis*. Le principe de la non-rétroactivité des lois, consacré par l'art. 2 du Code civil, est bien respectable sans doute, mais il ne faut pas l'étendre au delà de son texte, de son but reconnu.

Or nous avons peine à concevoir qu'on puisse dire que, par cela seul, par exemple, qu'une fille sera mariée avant la loi, elle ait le bonheur de partager également avec son frère; tandis qu'une autre, qui n'aura pas quitté l'aile maternelle, se verra réduite à une portion minime de l'héritage qu'elle devait espérer.

Qu'on ne parle pas des droits du mari qui aura été séduit par des espérances brillantes, des droits des enfans nés de son union ! Il serait affligeant pour la morale publique de penser que ces espérances seules auraient fait naître l'inclination qui doit porter les deux sexes à se rapprocher : les considérations de fortune, nous le reconnaissons, sont puissantes ; mais elles ne sont que secondaires. Ces pensées que l'on prêterait à l'époux, qui aurait contracté mariage sous la foi de la loi existante, ne lui conféreraient *aucun droit* ; il n'aurait dû concevoir *qu'un espoir* plus ou moins séduisant qui peut lui être enlevé par un statut nouveau.

Disons-le donc avec le sentiment d'une profonde conviction : la loi doit être rejetée : le projet ne peut être soumis aux amendemens que l'on suppose pouvoir être proposés ; tout se réunit pour combattre et ce projet et ces amendemens : et assurément la chambre des pairs et la chambre des députés ne transigeront pas avec leur devoir.

www.ingramcontent.com/pod-product-compliance
Lightning Source LLC
Chambersburg PA
CBHW060505210326
41520CB00015B/4106